Diones Camargo

A MULHER ARRASTADA

Cobogó

SUMÁRIO

Quando uma atriz encontra suas palavras,
por Celina Alcântara   9

A MULHER ARRASTADA   13

Seu nome é e sempre será Cláudia,
por Neide Almeida   39

Corpos periféricos e a arquitetura da exclusão,
por Camila Bauer   49

Em memória:

Para Cláudia Silva Ferreira,
pela sua luz que me guiou nas profundezas durante
o processo de escrita deste texto e que ainda
emana mesmo nos dias mais sombrios.

Para Maria Terezinha Ribeiro Camargo,
por ter sido o alicerce que me possibilitou ser quem
eu sou e expressar minhas alegrias e tristezas em
forma de arte, e que através do seu exemplo
em vida me permitiu compreender a luta e a dor de
uma mulher, mãe e trabalhadora brasileira.

Quando uma atriz encontra suas palavras

Na minha trajetória teatral – e lá se vão 30 anos desde que entrei na graduação em Teatro na Universidade Federal do Rio Grande do Sul, dando início à minha carreira de atriz e professora de teatro – tenho sido uma atriz que cria seus textos. O grupo Usina do Trabalho do Ator – UTA, do qual sou sócia-fundadora e integro há 28 anos, sempre trabalhou com dramaturgia improvisada, criada, inventada em sala de ensaio, de tal sorte que os poucos textos previamente escritos com os quais me defrontei foram em número bem menor e vieram a partir de convites de outros colegas do teatro com os quais teci parcerias. Isso significa, também, que esses meus aceites sempre tiveram a ver com a identificação com o que estava sendo narrado, com o meu interesse e vontade de dizer/vivenciar aquelas palavras em cena.

Nesse sentido, o texto *A mulher arrastada* não se diferenciou dos demais escritos por outros/as dramaturgos/as a que tive acesso fora do grupo UTA. Entretanto, aconteceu algo de diferente desde o primeiro dia em que li este texto: foi como se o dramaturgo tivesse entrado em contato direto com a minha mente e escrito meus pensamentos sobre o fato ocorrido com a Cláudia Silva Ferreira. Naturalmente, o processo foi ao contrário, fui eu que entrei em contato com as palavras grafadas do Diones e as tomei quase que imediatamente para mim. Esse processo de identificação com o texto a ser proferido é fundamental para o trabalho de nós atrizes e atores, e parte importante do trabalho teatral – ao menos os que surgem a partir da dramaturgia escrita – é instaurar essa relação no processo de criação. Mas comigo, nesse caso, ocorreu ainda no momento da leitura. Essa compatibilidade foi tão forte que algumas pessoas que me conhecem e foram assistir ao espetáculo chegaram a pensar que o texto tinha sido construído por mim em sala de ensaio e somente aperfeiçoado pelo dramaturgo.

Por tudo isso, mas também porque o Diones Camargo conseguiu, como poucos homens brancos (e isso não é acessório), recriar um fato acontecido com uma mulher negra muito mais com os olhos dela do que com a visão dele, é que esse texto toma uma dimensão diferenciada para mim. Não se trata somente de narrar a história dela (porque a grande mídia já fez isso e de maneira terrível e racista), mas o modo como a voz de Cláudia se potencializa e se torna audível a partir do texto. A maneira respeitosa, digna e responsável com que o autor conseguiu olhar para esse fato hediondo profundamente racista, machista e misógino do qual Cláudia foi vítima. Foi desde essa potência que construí minha criação; foi tomando essas palavras que busquei, por meio da minha performance de mulher negra identificada com essa dor, fazer soar o corpo-voz dilacerado e silenciado de Cláudia Silva Ferreira.

Celina Alcântara[*]

[*] Celina Alcântara é atriz e professora de teatro no Departamento de Arte Dramática e Programa de Pós-Graduação em Artes Cênicas da UFRGS. Cofundadora do grupo Usina do Trabalho do Ator – UTA.

A MULHER ARRASTADA

de **Diones Camargo**

A mulher arrastada estreou em Porto Alegre, em 25 de maio de 2018, na La Photo Galeria e Espaço Cultural, integrando a programação do 13º Festival Palco Giratório Sesc-RS.

Texto
Diones Camargo

Direção
Adriane Mottola

Elenco
Celina Alcântara
Pedro Nambuco

Trilha sonora original
Felipe Zancanaro

Iluminação
Ricardo Vivian

Cenografia
Zoé Degani (objetos cênicos)
Isabel Ramil (ambientação cênica)

Produção
Luísa Barros

Fotos de divulgação
Regina Peduzzi Protskof

Identidade visual
Jéssica Barbosa

Assessoria de imprensa
Lauro Ramalho

Apoio
Cia. Stravaganza e UTA – Usina do Trabalho do Ator

Realização
Diones Camargo e La Photo Galeria e Espaço Cultural

A luz que vaza pela soleira da porta se estende até o meio da sala, como um trampolim desenhado no chão.

HOMEM:

Um ônibus.

Esta é a primeira imagem que surge.

Com o passar do tempo
talvez essa imagem mude
na cabeça de alguns de vocês,
mas ela continuará sendo
essencialmente
o que é:
um ônibus

– um grande veículo
com portas, janelas, bancos, piso, rodas, teto,
escadas, catraca, direção.

Porém, o que faz dele

um ônibus

não está em questão,
mas, sim, o que o nomeia desta forma;

a que serve
essa palavra
"ônibus"?
E, principalmente,
a quem
ela serve?

Era esta imagem que estava ardendo dentro da
minha cabeça quando eles entraram.

Não há nada
a lhes dizer.
Queriam que eu viesse
e eu vim.
Apenas isso.

Meses haviam se passado
– o tempo corre noutro ritmo quando há silêncio,
mas isso eu não sabia até então.
Até que um dia alguém chegou à minha porta e disse:

**"Estamos procurando uma mulher – a tal que fugiu
enquanto você vigiava. Sabemos que falou com você."**

Eu costumava conseguir.
Depois daquele nosso encontro eu aprendi:
controlar a respiração como se a força viesse do abdome,
e então o som flui com naturalidade,
convincente.

Sim. Falamos o de sempre.

"Lembra o nome?"

Não. Mas deve estar nos registros.

Foi embora.

Boa aquela época.
Aprendi a me concentrar;
a pegar um copo d'água
e sentir a gota que cai
sobre o bico preto
do coturno
e ouvi-la se espatifando
na superfície de couro.
Imagine quantos tipos de gotas existem
no mundo
e quantos sons diferentes elas fazem ao se despedaçar
no chão,
no couro,
no asfalto.

Semanas se passaram.
O silêncio voltou.

Até que o ruído
das juntas dos dedos
contra a porta de madeira
soou novamente.

"Estamos com um problema. Buscamos o registro de áudio da sala e nada. Somente um ruído estático por cerca de uma hora."

Estranho.

"Há algo que se recorde?"

Não
tenho nada a dizer.
Queriam que eu viesse
e eu vim.
Só isso.
Por isso não me peçam mais
nada.

Nada. Apenas que tiveram uma discussão.

"Sobre o quê?"

Bobagem. Se não me engano, a filha era viciada e a mãe não queria deixá-la sair. Então ela foi lá, pegou a arma do pai e atirou.

"Algo mais?"

Não. Nessa hora eu saí pra pegar um copo d'água e quando voltei ela havia sumido.

Dias se passaram.

O silêncio voltou.

Mas dessa vez foi diferente.
Havia um vácuo entre
tal hora

e

tal hora,
como uma porta que é deixada aberta propositalmente
apenas para incomodar.
Um ponto final não colocado
que permitia que as palavras todas
voltassem e entrassem
na minha boca, me sufocando
– como ratos que se empilham nas catacumbas
para fugir do frio.

No retângulo desenhado no chão pela luz que escapa através da porta, uma sombra cruza lentamente de um lado para outro.

Mas apesar do silêncio
eu já não conseguia dormir.
Noite após noite
a luz que vazava
atrapalhava meu sono.

Outras sombras surgem. A princípio, lentas e isoladas, logo se tornam tantas e com a mesma intensidade dos ruídos que antes imperavam.

                                                            Havia
                                                      um vácuo
entre tal hora   e tal hora
como se nunca tivesse existido nada lá.
Como se nada tivesse sido dito lá.
Mas eu – apenas eu – sabia que
havia.

Uma a uma, as sombras entram pela porta aberta.

SOMBRAS:
Eu não sou uma mulher, sou um dia;
cada fio do meu cabelo é um segundo.

Eu não sou uma mulher, sou um lugar;
cada parte do meu corpo é um canto da cidade.

Eu não sou uma mulher, sou uma classe;
cada revestimento da minha pele é uma camada social.

Eu não sou uma mulher, sou um grau de instrução;
meus ouvidos são todo o meu estudo.

Eu não sou uma mulher, sou uma profissão;
meu nariz é minha única alternativa.

Eu não sou uma mulher, sou uma propriedade;
minha genitália é a minha escritura.

Eu não sou uma mulher, sou um contexto;
cada órgão interno meu é parte da confusão em que me encontro.

Eu não sou uma mulher, sou uma probabilidade;
meu aparelho reprodutor é a minha sentença.

Eu não sou uma mulher, sou uma estatística;
cada um dos meus seios é um final possível.

Eu não sou uma pessoa, sou apenas
o que o meu corpo diz que eu sou:
dia, lugar, classe, grau de instrução, profissão, propriedade, contexto, probabilidade, estatística.

Cada parte do meu corpo dá a vocês uma informação específica;
cada órgão meu, uma peculiaridade minha.
E, juntos, eles lhes dirão meu nome:

[*aponta para o cabelo*]
16 de março de 2014
[*pega uma mecha de cabelos*]
8h49

[*aponta para o joelho*]
Rio de Janeiro
[*desce um pouco*]
Zona Norte
[*desce um pouco mais até chegar no pé*]
Morro da Congonha

[*aponta para a pele*]
Negra

[*a percorre mais um pouco*]
Pobre

[*aponta para os ouvidos*]
Semialfabetizada

[*aponta para o nariz*]
Auxiliar de limpeza num hospital

[*aponta para a vagina*]
Casada há 20 – dos meus 38 anos
[*pressiona-a*]
– com o mesmo homem.

[*aponta para o estômago e o massageia*]
Medo constante.
Embrulho indizível
permanente
indissolúvel.

[*aponta para a região do ventre e a golpeia repetidamente*]
Mãe de quatro filhos.
Mãe adotiva de quatro sobrinhos.

[*aponta para o seio esquerdo*]
Aqui eu estou viva;
[*aponta para o seio direito*]
aqui já não estou.

HOMEM:
                         Horas se passaram.

                                  Ele volta.

"Nós sabemos que foi você", ele diz.

Eu nego,
porque somos ensinados a negar
sempre.

SOMBRAS:
[*aponta a mão direita para a mão esquerda*]
Essa sou eu.
[*aponta a mão esquerda para o peito e a deixa pousada lá*]
Aqui é a casa onde eu vivo
[*com a mão direita, ergue cada um dos dedos enquanto fala*]
com meu marido,
meus quatro filhos
[*recolhe quatro dedos*]
e meus quatro sobrinhos-filhos.
[*com o polegar da mão direita aponta para o joelho*]
Aqui é a padaria
aonde eu vou todos os dias comprar pão
antes de sair pra trabalhar.
[*tira a mão esquerda do peito e desce devagar pelo corpo em direção ao joelho*]
Como hoje é domingo e é cedo ainda, tem pouca gente na rua.
Mesmo assim eu saio,
porque meus filhos têm fome – todos eles.

Fome.
Todos.

Levo seis reais no bolso:
três pro pão,
três pra mortadela
– é tudo o que eu tenho.

[*enquanto desce vagarosamente a mão esquerda, aponta para o quadril com o polegar direito*]
Aqui　　　　　neste ponto　　　　　eles estacionam.
Como sempre acontece quando eles chegam
aqui em cima, já descem
do carro com as armas nas mãos.
[*estica os outros quatro dedos, abrindo toda a mão direita*]
Despreocupada
– ou preocupada demais com coisas
que pessoas como você
nunca vão ter que se preocupar –,
eu desço a escadaria.
Quando dobro a esquina...
[*a mão esquerda se encontra com a mão direita*]
eu os vejo.

HOMEM:

"Havia sangue no seu coturno. O mesmo sangue encontrado num canto da sala."

> Havia sêmen também,
> mas isso eles nunca vão saber.

SOMBRAS:
[*aponta uma mão para o peito e outra para as costas*]
Um tiro aqui, outro aqui.
Um deles de cima pra baixo
quando eu já estava no chão – sentada ou ajoelhada,
não me lembro mais.
Todos correm pra ver o que aconteceu.
"É moradora! É trabalhadora!", alguém grita.

Não adianta.
Eu fico ali,
jogada
igual a um porco agonizante,
esperando o socorro chegar.

Os vizinhos cercam vocês,
dizendo que eu não tinha feito nada de errado;
que era só uma mulher
pobre, preta, semianalfabeta,
indo comprar pão
para os seus filhos.
Eles xingam vocês. Não querem que vocês me levem,
porque ali
ninguém confia em vocês.
Ninguém.
Com medo da reação deles, vocês me pegam assim mesmo
e me jogam no camburão
igual a um saco de farinha
e arrancam
com pressa
– não por mim, eu sei,
mas por vocês.
É sempre por vocês.
Sempre pra proteger
vocês.

Mas a porta não está trancada.

Eu não vejo nada,
porque estou vertendo sangue
igual a leite que vaza de um saco furado.
Vocês andam comigo cerca de 1 km
até sair da comunidade.

E então a porta se abre
e eu caio.

HOMEM:

"**Você devia ter sido mais discreto. O caso atraiu a atenção dos jornais**", ele diz.

Ora!
E quem se importa?!

SOMBRAS:
Despreocupados
– ou preocupados com coisas que nunca ninguém vai saber –,
vocês me arrastam
daqui   até   aqui,
por entre carros ônibus táxis motos.
O asfalto quente arrancando a minha pele
esfolando a gordura do meu quadril
das minhas coxas
esmerilhando os meus ossos.
Todos esses pedaços que eu ganhei
não sei de quem
não sei por quê
e que dizia a todos
quem eu era
antes mesmo que eu pudesse
abrir a minha
boca.
Tudo se perdendo
pouco   a   pouco.

200 metros.
250 sem ouvir.
300 sem nem dar atenção
aos avisos
das pessoas
que diziam:
"Ouçam!
Tem alguma coisa
errada
nisso que vocês estão
fazendo."
"Ouçam!
Tem alguma coisa
de errado
nisso que vocês estão
fazendo!"
"OUÇAM!"

HOMEM:

                        Sério!
                 Quem se importa?!
       Além do mais, faz tanto tempo...
              Não tem por que
           remexer no passado,
         vocês não acham?!

SOMBRAS:
Quando chego ao hospital, já não há mais nada em mim.
Nem dor
Nem dúvidas
Nem pão
Nem leite
Nem filhos

Nem sonhos
que nunca irão se concretizar.
Nem mesmo meu apelido vocês me deixaram.

Tudo ficou pra trás
naqueles   350   metros.

HOMEM:

        Não tenho nenhum arrependimento.
Agi dentro das regras e conforme a minha consciência.
O resto são pontos de vista. E neles todos estamos sujeitos
        a julgamentos – alguns injustos,
            é certo.
        Mas o que se pode fazer?!
"O que não tem remédio, remediado está."

SOMBRAS:
O lado direito da minha cabeça,
braços
quadris
coxas
pernas
pés
– tudo em carne viva.

Se vocês chegarem bem perto
vão conseguir ver a capa de gordura
da última camada da pele
– aquela que protege os órgãos mais internos –
os mesmos agora dilacerados pelos tiros.

"laceração cardíaca e pulmonar de ferimento transfixante
do tórax por ação perfurocortante", é como eles dizem.

Eu não sei o que significa.
Apenas sinto.

Mas vocês não sabem
nem sentem.

E se chegarem mais perto ainda
conseguirão ver até mesmo
parte dos meus ossos
ralados
nos tornozelos
e calcanhares.

Foi assim que meus familiares me encontraram.
E é assim que eu vou ser vista pelos meus
amigos
marido
e filhos
quando eles forem
se despedir de mim
no enterro
daqui   a   pouco.

Ah, sim! Me desculpem.
Só agora me lembrei:
como vocês podem notar
eu já não tenho nome.

Agora eu sou só uma manchete antiga.
Meu documento de identificação
é esta foto amarelada no seu jornal.

Cada parte do meu corpo já não oferece nada
além de informações
vagas
abstratas

impessoais.
Cada órgão perfurado já não rende mais parágrafos
nem assuntos em mesa de bar.

Ainda assim, me restou esse apelido
que vocês me deram
e que acabou tomando o lugar
daquele que eu tinha antes:

"mulher arrastada"
"mulher... arrastada"
"mulher...   arras...   tada"

Me desculpem.
Isso é tudo o que tenho agora.

HOMEM:
**"Seus superiores. Eles vão dar um jeito. Dizem que
é injusto acabar com uma carreira promissora só
por causa de um incidente isolado..."**

Havia outras também,
mas isso eles não sabiam
– e nem precisam
saber.

"Você só precisa colaborar."

Tudo bem, eu digo.

"Tudo bem", ele diz.

E apertamos nossas mãos.

Mas, antes de sair, ele me faz uma pergunta:

"Posso te fazer uma pergunta?"

Tanto faz.
Ninguém se importa mesmo.

SOMBRAS:
Agora que vocês conseguiram,
que todas as partes do meu corpo foram
aniquiladas
silenciadas
amordaçadas
e agora que meu nome
foi definitivamente
esquecido,
me respondam:

HOMEM:
"Por quê?"

SOMBRAS:
O que foi que vocês ganharam?

HOMEM:
"Não sei", eu digo.

SOMBRAS:
Qual foi o preço que vocês pagaram?

HOMEM:
"Nada em especial. As coisas são como elas são, apenas isso."

                    Mas as coisas não são
                         simplesmente
                           o que são.
                 As coisas têm partes
                  e essas partes
                    estão ligadas
                       entre si
           como num grande veículo
com portas, janelas, bancos, piso, rodas, teto, escadas,
                    catraca, direção...

"Foi alguma coisa que ela disse?", ele diz.

"Talvez", eu digo. **"Não lembro"**, eu digo.

            Só me lembro que era como uma luz
                que vazava pela cortina
               e atrapalhava o meu sono
                    noite após noite.
                   Uma porta aberta
                      zíper aberto
                      ventre aberto
                 porta-malas aberto
           se esparramando noite adentro

> – um buraco bem no meio
> do significado
> engolindo tudo
> à sua volta.

SOMBRAS:
Não que eu precise.
Não que eu precise, de verdade.
Mas eu gostaria, nos dias que virão.
Não que eu precise,
mas eu gostaria
de ter o meu nome de volta
depois de tudo.
Era tudo o que eu tinha.

HOMEM:
> Um saco de lixo
> caído
> rasgado
> dilacerado
> brilhando no meio da escuridão...
>
> E eu nunca mais consegui.
> Foi então que entendi
> que fazer silêncio
> e se calar
> são coisas diametralmente opostas.

"Caso encerrado."

O Homem caminha pelo feixe de luz em forma de trampolim e abre a janela. Na mesma hora, barulhos de gritos, bombas e sirenes invadem o espaço.

Blecaute.

Seu nome é e sempre será Cláudia

> [...] *o tempo corre noutro ritmo quando há silêncio.*
>
> Diones Camargo

Como agimos diante da imposição violenta de silenciamento? Eis a provocação a partir da qual Diones Camargo, dramaturgo e roteirista, autor de cerca de vinte peças, convoca o leitor a conhecer a história de Cláudia Silva Ferreira.

Num momento em que, mais uma vez, o racismo exibe sem pudores suas garras e o genocídio da população negra passa a ser respaldado como política de Estado, o autor de *A mulher arrastada* nos apresenta, como ele mesmo afirma, uma "peça-manifesto". Não se trata de um texto em primeira pessoa, mas de um olhar atento às injustiças que marcam as relações em uma sociedade racista como a nossa. E o compromisso de denunciar. Ao levar para a dramaturgia sua perspectiva a respeito da história de Cláudia, Diones Camargo junta sua voz a muitas outras que vêm construindo, também por meio de poéticas, formas de resistência, de enfrentamento das múltiplas manifestações de racismo que, ao mesmo tempo, exterminam vidas negras e banalizam essas mortes reais e simbólicas.

Trata-se de um texto teatral tocante, mobilizador e inquietante pela força da dramaturgia. A obra se caracteriza também pela multiplicidade de diálogos possíveis com outras produções que, de alguma forma, abordam o tema em questão: a violência que permanece reverberando na vida ou na memória tanto de quem a ela é submetida como na daqueles que participam de forma direta ou indireta de tragédias cotidianas.

Este texto de Camargo instiga o leitor a refletir sobre os diversos processos de silenciamento que, ao mesmo tempo, podem invisibilizar, naturalizar e legitimar a violência. Quando no palco, é no próprio corpo que o espectador experimenta o desconforto, desencadeado pelos diversos conflitos e confrontos vividos pelas figuras em cena.

O título é referência direta e explícita ao assassinato de Cláudia Silva Ferreira, que no dia 16 de março de 2014, após ser baleada durante uma violenta abordagem policial na comunidade em que morava, foi "socorrida", transportada no compartimento traseiro de uma viatura da polícia. Entretanto, com parte do corpo para fora do carro, Cláudia foi arrastada por 350 metros. Nunca saberemos se Cláudia morreu em decorrência dos ferimentos à bala ou por ter sido brutalmente esfolada, mesmo mediante avisos e apelos de pessoas que assistiram à cena brutal. Como se isso fosse pouco, nos noticiários, Cláudia teve seu nome substituído pela expressão "mulher arrastada". Efetivava-se, assim, uma tentativa de apagamento da presença de Cláudia não apenas da vida de seus familiares, amigos, vizinhos, mas também seu apagamento da história de um tempo, de um lugar.

A mulher arrastada é uma denúncia à morte ou, talvez seja mais adequado dizer, às mortes a que Cláudia fora submetida. Mas é também metáfora que mobiliza diversos outros assassinatos que, perversamente, cumprem a terrível função de apagar a existência de determinadas pessoas da história. Reduzidas à condição de não sujeitos, é como se não houvesse crime ao exterminá-las.

Em *Necropolítica*,[1] Achille Mbembe afirma que...

[...] a expressão máxima da soberania reside, em grande medida, no poder e na capacidade de ditar quem pode viver e quem deve morrer. Por isso, matar ou deixar viver constituem os limites da soberania, seus atributos fundamentais. Ser soberano é exercer controle sobre a mortalidade e definir a vida como implantação e manifestação de poder. (p. 5)

E ainda:

Se considerarmos a política uma forma de guerra, devemos perguntar: que lugar é dado à vida, à morte e ao corpo humano (em especial o corpo ferido ou massacrado)? Como eles estão inscritos na ordem do poder? (pp. 6-7)

Mbembe critica o Estado organizado para legitimar a morte de determinada parcela da sociedade. É fundamental compreendermos como uma política de Estado reverbera e se instaura em nós, em nossas ações cotidianas individuais e

---

[1] Mbembe, Achille. *Necropolítica*. São Paulo: N-1 edições, 2018.

nas atitudes dos grupos aos quais pertencemos, impondo silenciamentos que ancoram e dão lastro a projetos perversos.

Os recursos estéticos utilizados por Diones Camargo mobilizam profundamente o leitor-espectador e o instigam a refletir a respeito de um dos aspectos atualmente mais banalizados da violência. Neste texto, os personagens Homem e Sombras protagonizam um tenso jogo. Aparentemente cada um deles vive e narra um drama individual. Entretanto, no decorrer da peça, o leitor-espectador percebe que, ainda que se refiram a acontecimentos diferentes, o que está em cena é o confronto de perspectivas a respeito de como as duas figuras atuam e são impactadas pela experiência da violência.

Ao evocar o assassinato de Cláudia Silva Ferreira, o autor traz para o centro do debate diversas mortes, em especial mortes violentas de mulheres negras, recorrentes em nossa história desde sempre. É terrível o insano ciclo: morrem os homens, as mulheres, morrem seus filhos – muitas ainda crianças. O genocídio da população negra deixa rastros de sangue, de abandono, de ódio, de desejo de vingança.

O texto se inicia com uma provocação:

> Com o passar do tempo
> talvez essa imagem mude
> na cabeça de alguns de vocês,
> mas ela continuará sendo
> essencialmente
> o que é:
> um ônibus
> [...]
> a que serve
> essa palavra
> "ônibus"?

>E, principalmente,
>a quem
>ela serve?

A quem as palavras servem, quem elas imobilizam, a quem elas são negadas? Ou, ainda, quem elas podem sufocar?

>Um ponto final não colocado
>que permitia que as palavras todas
>voltassem e entrassem
>na minha boca, me sufocando
>– como ratos que se empilham nas catacumbas
>para fugir do frio.

É o que nos diz o Homem em determinado trecho.

O ônibus que pode transmutar-se de meio de transporte a elemento de cenário de extrema violência, pode também arder na consciência do Homem. Ou, ainda, transformar-se em recurso cênico.

No teatro, o espectador é convocado a ocupar um dos lugares e acompanhar tragédias revividas pelo Homem e por Sombras. Impossível não ser afetado, não buscar posição mais confortável, não desejar poder acionar a campainha e descer. Ao mesmo tempo, é preciso ficar e ver com os próprios olhos. Com a respiração curta, quase suspensa, os espectadores participam da cena: um zoom no cotidiano de tantas pessoas, cujas vidas parecem não importar:

"Há algo que se recorde?"
Nada. Apenas que tiveram uma discussão.
"Sobre o quê?"

Bobagem. Se não me engano, a filha era viciada e a mãe não queria deixá-la sair. Então ela foi lá, pegou a arma do pai e atirou.

O Homem é, desde o início, um sujeito cindido, que se desdobra em interrogador de si mesmo e interrogado. É questionado, acusado de falhar; ele mesmo se interpela a respeito de suas ações, das respectivas consequências e de seus silêncios, que o ameaçam, o fragilizam, mas ainda assim se revelam como possibilidades únicas de existir. O Homem é o policial que, protegido pela lei e pelo olhar míope de uma justiça carcomida, realiza o projeto necropolítico do qual muitas vezes ele também é vítima, mas não se reconhece como tal.

Já Sombras, sujeito coletivo, é feminino, representa Cláudia Silva Ferreira. Mas não só. São muitas as mulheres arrastadas, são muitas as mulheres negras arrastadas cotidianamente em nossa sociedade. E assim, como Sojourner Truth, em 1851, em seu discurso na *Women's Rights Convention* em Akron, Ohio, Estados Unidos, cada uma delas em algum momento certamente se perguntou: "E eu não sou uma mulher?"

No texto de Camargo, Sombras responde:

Eu não sou uma mulher [...]
Eu não sou uma pessoa, sou apenas
o que o meu corpo diz que eu sou:
dia, lugar, classe, grau de instrução, profissão, propriedade, contexto, probabilidade, estatística.

Resposta contundente, denúncia de estratégias de apagamento.

O corpo vulnerável da personagem é apresentado por ela mesma como um mapa no qual estão inscritas suas origens, os lugares que ocupa, sua inserção social e suas (im)possibilidades de mobilidade na sociedade em que vive, os múltiplos papéis que assume e nos quais se desdobra. O lugar e a forma como vive.

É possível, assim, compreender a afirmação de que a personagem não é uma mulher, não é uma pessoa. Entretanto, não se trata aqui de negação do sujeito, mas, sim, de reafirmação de que para além de sua individualidade ela representa também uma coletividade que vive, trabalha, ama, cuida, constitui modos de existir, mesmo à contracorrente.

[*aponta para o cabelo*]
16 de março de 2014
[*pega uma mecha de cabelos*]
8h49

[*aponta para o joelho*]
Rio de Janeiro
[*desce um pouco*]
Zona Norte
[*desce um pouco mais até chegar no pé*]
Morro da Congonha

[*aponta para a pele*]
Negra
[*a percorre mais um pouco*]
Pobre

[*aponta para os ouvidos*]
Semialfabetizada

[*aponta para o nariz*]
Auxiliar de limpeza num hospital

[*aponta para a vagina*]
Casada há 20 – dos meus 38 anos
[*pressiona-a*]
– com o mesmo homem.

Por isso mesmo, mortes como a de Cláudia desencadeiam movimentos que mobilizam a população contra a violência à qual tantas mulheres são submetidas. "Somos todos Cláudia" foi o lema para denunciar a morte e o apagamento da identidade da "mulher arrastada".

No texto de Diones Camargo, a personagem é multidão, legião, Sombras que ocupam a cena e, em alguma medida, as reflexões que inquietam o Homem, cuja consciência é sempre apaziguada, pois ele se sente respaldado pela lei:

Não tenho nenhum arrependimento.
Agi dentro das regras e conforme a minha consciência.
O resto são pontos de vista. E neles estamos todos sujeitos
a julgamentos – alguns injustos,
é certo.
Mas o que se pode fazer?!
"O que não tem remédio, remediado está."

Mas as denúncias de Sombras são certeiras, inquestionáveis e continuam reverberando:

Despreocupados
– ou preocupados com coisas que nunca ninguém vai saber –,

vocês me arrastam
daqui   até   aqui,
por entre carros ônibus táxis motos.
O asfalto quente arrancando a minha pele
esfolando a gordura do meu quadril
das minhas coxas
esmerilhando os meus ossos.
Todos esses pedaços que eu ganhei
não sei de quem
não sei por quê
e que dizia a todos
quem eu era
antes mesmo que eu pudesse
abrir a minha
boca.
Tudo se perdendo
Pouco   a   pouco.

Na parte final do texto os monólogos convergem sugerindo um diálogo caótico. Enquanto Sombras é movida até o fim pela luta por sua identidade, o Homem continua refém da inércia do silenciamento. Perplexidade. Necessidade de dizer, de questionar, de quebrar os silêncios. Esse é, para mim, o principal efeito da leitura do texto *A mulher arrastada*.

Neide Almeida

---

* Escritora, poeta, educadora, produtora e gestora cultural. Socióloga, mestre em linguística, especialista em Gestão Cultural Contemporânea. Autora do livro *Nós: 20 poemas e uma oferenda* (Ciclo Contínuo Editorial) e da zine *Nambuê* (MóriZines).

Corpos periféricos e a arquitetura da exclusão

Corpo. Mapa. Geografia da carne. Preta. Morro. Polícia. Tiros. Pancada. Mulher. Mãe. Pobre. *Eles não têm escrúpulos.* Domingo pela manhã. Fome. Caminho. Interrupção. Morte. Órfãos. Oito. Arrastada. *Uma mulher foi arrastada.* Trezentos e cinquenta metros. *Inocente.* Como contar? Como contar essa história real que soaria inverossímil se não fosse a brutalidade e a covardia dos fatos? *Caso encerrado.* É assim que terminam os episódios de truculência e injustiça no Brasil. É assim que termina a peça de Diones Camargo.

Como não deixar cair no esquecimento e na invisibilidade eventos aterrorizantes cometidos por aqueles que estão no poder? Memória. Perguntas. Arte. Transfiguração do real. *A mulher arrastada* é uma resposta possível de teatro engajado no seu tempo, preocupado em denunciar e decompor as barbáries que interrompem a vida de milhares de brasileiros. E, no meio desse horror, Diones acha um jeito de nos brindar com poesia. Uma poesia dura, seca, letal. Uma poesia-manifesto.

Cláudia Silva Ferreira, mulher, mãe de quatro filhos biológicos e quatro sobrinhos-filhos adotivos, brasileira, negra, trabalhadora, morta pela polícia em uma operação covarde e criminosa, ferida e depois arrastada pela rua por cerca de 350 metros, ao som de gritos de espanto e incredulidade dos moradores da comunidade que presenciaram tal horror. Haveria uma mulher branca e rica sendo arrastada pela polícia? Um corpo negro exposto em cena, assim como na vida, um corpo trabalhador, um corpo de mulher, um corpo de mãe. Quem mataria uma mulher inocente? Por quê? As respostas estão todas vinculadas ao racismo sistêmico e reinante no Brasil, ou, então, não haveria resposta.

Nesta perspectiva, o dramaturgo brasileiro Diones Camargo nos surpreende mais uma vez com sua peça *A mulher arrastada*, na qual inaugura uma outra fase em sua profícua carreira. Com engajamento social marcado e ponto de vista político que não nos permite divagações, o autor nos joga na cara a urgência desse tipo de debate nos palcos.

Nesta obra, chama a atenção a arquitetura do texto no papel. O lugar que cada fala ocupa, a sua intensidade, o uso de partes em destaque como vozes que potencializam a violência. Há indicações de luz, de sombras, de vultos que constroem parte importante da atmosfera da peça. Personagens que se apresentam como modos de enunciação. O limite entre a vida e a morte simbolizado pela distância entre os dois seios.

SOMBRAS:
Eu não sou uma mulher, sou uma estatística;
cada um dos meus seios é um final possível.
[...]
[*aponta para o seio esquerdo*]
Aqui eu estou viva;
[*aponta para o seio direito*]
aqui já não estou.

Algo ocorre no meio, no peito, no coração. Diones situa a ação no corpo dessa mulher, sua casa, seus filhos, a padaria. Ela, uma cidade. Ela, um universo inteiro, periférico, ameaçado, condenado. Este corpo – ou o que dele restou – se dirige a nós, espectadores, e a eles, policiais. Somos cúmplices dela e deles também. Cúmplices desta realidade cotidiana e esmagadora que as Sombras nos dizem que desconhecemos.

Há também a figura do Homem, que começa narrando e nos traz a perspectiva dos policiais. O policial e tudo o que ele representa. A imparcialidade impossível. Trata-se de uma voz que tem o controle. As falas da polícia são grifadas, destacando a violência desse lugar de fala.

HOMEM:
"Seus superiores. Eles vão dar um jeito. Dizem que é injusto acabar com uma carreira promissora só por causa de um incidente isolado..."

Havia outras também,
mas isso eles não sabiam
– e nem precisam
saber.

Em seguida, a entrada de Sombras em cena complexifica as soluções cênicas e ao mesmo tempo acentua a frequência com que esses crimes ocorrem.

Um país que mata pobres, negros e mulheres com a mesma facilidade e falta de escrúpulos com que nega a gravidade de seus crimes. O assassinato de Cláudia, infelizmente, não encerra nenhum ciclo de violações e injustiças cometidas pela polícia, muito pelo contrário. Depois vieram Marielle Franco, Anderson Gomes, Evaldo Rosa, Luciano Macedo, Ágatha Vitória Sales Félix, Kathlen Romeu... a lista é enorme. Se os fatos por si só são chocantes e recorrentes, o que pode a arte fazer em meio a todas essas anomalias sistêmicas? Que ao menos ela não silencie, não seja indiferente. Que um dia, com urgência e veemência, esse tipo de teatro-manifesto não se faça mais necessário por este tipo de crime ter deixado de existir. Enquanto isso, resistimos ao ler peças como *A mulher arrastada*, de Diones Camargo, um dramaturgo de grande relevância no cenário nacional que vem inovando a cada trabalho.

Camila Bauer

* Encenadora e professora de dramaturgia no Departamento de Arte Dramática da Universidade Federal do Rio Grande do Sul (DAD/UFRGS). Dirige o coletivo Projeto Gompa.

Prêmios

Prêmio Cenym de Teatro Nacional 2019 – Melhor Texto Original
Prêmio Cenym de Teatro Nacional 2019 – Melhor Atriz
10º Prêmio Olhares da Cena – Melhor Espetáculo
10º Prêmio Olhares da Cena – Melhor Fotografia de Cena
Prêmio Braskem em Cena 2018 – Melhor Espetáculo
Prêmio Braskem em Cena 2018 – Melhor Atriz
Prêmio RBS TV 2018 – Melhor Espetáculo
Prêmio Açorianos de Teatro 2018 – Melhor Espetáculo
Prêmio Açorianos de Teatro 2018 – Melhor Atriz
Prêmio Açorianos de Teatro 2018 – Melhor Iluminação

Indicações

10º Prêmio Olhares da Cena – Melhor Atriz
10º Prêmio Olhares da Cena – Melhor Ator Coadjuvante
10º Prêmio Olhares da Cena – Melhor Dramaturgia
10º Prêmio Olhares da Cena – Melhor Trilha Sonora
10º Prêmio Olhares da Cena – Melhor Iluminação
Prêmio Açorianos de Teatro 2018 – Melhor Direção
Prêmio Açorianos de Teatro 2018 – Melhor Dramaturgia

Festivais e Mostras

2021 – Dramaturgia Encena Sesc (Fortaleza/CE)
2020 – CURA – 1ª Mostra de Artes Cênicas Negras de Porto Alegre (RS)
2019 – 22º Palco Giratório Sesc – Circuito Nacional (Brasil)
2019 – AWÁ – Festival Sesc da Cultura Negra (Paraty/RJ)
2019 – 8º Festival Internacional Santiago OFF (Santiago/Chile)
2018 – Crítica Em Movimento: Presente – Itaú Cultural (São Paulo/SP)
2018 – Porto Alegre Em Cena – Festival Internacional de Artes Cênicas (Porto Alegre/RS)
2018 – Cenas Diversas – Cena Negra | Casa de Cultura Mário Quintana (Porto Alegre/RS)
2018 – 13º Palco Giratório Sesc-RS (Porto Alegre/RS)

Agradecimentos

A Adriane Mottola, pelo incentivo primeiro e pela generosidade em eleger o meu entre tantos textos para ser objeto de sua sensível encenação. A Amir Haddad e a todos e todas que se dispuseram a ler esta peça quando eu ainda a via como uma obra em construção e emitiram suas emocionadas opiniões e palavras de encorajamento. A Celina Alcântara, por dar vida às palavras até então inertes e emprestar sua força, seu corpo, sua voz e sua vivência para levar à cena, do modo mais digno e respeitoso possível, a história de Cláudia, bem como à nossa talentosa equipe do espetáculo, pela parceria em cada passo do intenso – e por vezes dilacerante – processo. E a Jane Schoninger (Sesc RS) pela aposta na montagem desde quando esta era apenas um desejo incerto, e após, com seu contínuo incentivo ao projeto e seus desdobramentos.

A Luísa Barros, nossa produtora (e minha agente literária pessoal), agradeço todo o apoio e a constante troca durante o longo período de preparação deste livro. A Dione Carlos, por ter aceitado escrever a orelha desta edição e tê-lo feito de modo tão afetivo. A Neide Almeida, pela sua análise contundente de um Brasil que ainda precisa se reconhecer como racista e profundamente perverso. A Henrique Lago, por ter se mostrado paciente e bem-humorado em todos os estágios das inúmeras (e por vezes mínimas) alterações no projeto gráfico. A Regina Peduzzi Protskof, por ter acolhido nossa peça-manifesto em seu espaço cultural e cedido gentilmente as imagens poderosas que se tornaram capa e quarta capa desta publicação. E, por fim, a Camila Bauer, colega de debates e minha ex-orientadora, por seu emocionante Posfácio e por se dedicar à formação de jovens dramaturgos e dramaturgas que vêm surgindo com cada vez mais frequência em nosso estado e desenvolvendo suas escritas no Departamento de Arte Dramática da Universidade Federal do Rio Grande do Sul (DAD/UFRGS).

E a todos e todas que de alguma forma colaboraram para que este livro se tornasse possível.

Sobre o autor

Diones Camargo é dramaturgo e roteirista. Licenciado em Teatro pela Universidade Federal do Rio Grande do Sul – UFRGS, é autor de cerca de vinte peças, entre elas *Andy/Edie* (Prêmio Funarte de Dramaturgia 2005), *Último andar* (Prêmio Funarte de Estímulo à Dramaturgia 2007), *Teresa e o aquário* (VIII Prêmio PalcoHabitasul 2008 – Melhor Roteiro), *9 mentiras sobre a verdade*, *Hotel Fuck*, *Os plagiários – Uma adulteração ficcional sobre Nelson Rodrigues* (Prêmio Açorianos de Teatro 2012 – Melhor Dramaturgia), *Fassbinder – O pior tirano é o amor*, *Parque de diversões* (Prêmio Açorianos de Teatro 2016 – Melhor Dramaturgia) e *A mulher arrastada* (Prêmio Cenym de Teatro Nacional 2019 – Melhor Texto Original). Com textos encenados por algumas das mais importantes companhias de teatro do Rio Grande do Sul, teve obras também publicadas e representadas no exterior (Portugal, Espanha, Cuba, Uruguai, Chile e Cingapura).

A convite do grupo Parlapatões, escreveu, em 2020, o experimento dramatúrgico *Memorial*, que estreou em São Paulo com direção de Nelson Baskerville e, em 2021, fez a estreia internacional no Short+Sweet Theatre Festival Sydney, na Austrália, com direção e atuação de Cris Bocchi.

Paralelamente às atividades de escrita, o autor ministra regularmente oficinas e participa de projetos ligados à pesquisa em dramaturgia e sua relação com as multilinguagens. Atualmente, coordena o Grupo de Estudos em Dramaturgia de Porto Alegre, coletivo pioneiro na cidade que conta com 15 autores em atividade na cena local, no qual investigam a relação da literatura e os pontos de intersecção entre esta e outras linguagens, tais como o teatro, o cinema, a performance e as artes visuais.

No cinema, é roteirista e argumentista do longa-metragem *A colmeia* (2019), filme baseado em sua peça homônima e que recebeu o Prêmio de Melhor Longa-Metragem Estrangeiro no 24º Festival de Zaragoza, na Espanha. Também foi corroteirista do curta *O último dia antes de Zanzibar* (2016), de Filipe Matzembacher e Márcio Reolon.

A mulher arrastada conquistou dez prêmios – incluindo quatro de Melhor Espetáculo – e desde sua estreia vem participando de importantes mostras no Brasil e no exterior, tendo percorrido 28 cidades de dez estados brasileiros integrando o projeto Palco Giratório Sesc – Circuito Nacional 2019, além de ter sido apresentada no 8º Festival internacional Santiago OFF, no Chile.

© Editora de Livros Cobogó, 2021

Editora-chefe
Isabel Diegues

Editora
Valeska de Aguirre

Gerente de produção
Melina Bial

Revisão final
Eduardo Carneiro

Projeto gráfico de miolo e diagramação
Mari Taboada

Capa
Henrique Lago

Fotografias de capa
Regina Peduzzi Protskof

CIP-BRASIL. CATALOGAÇÃO-NA-FONTE
SINDICATO NACIONAL DOS EDITORES DE LIVROS, RJ

C176m   Camargo, Diones
A mulher arrastada / Diones Camargo.- 1. ed.- Rio de Janeiro : Cobogó, 2021.

(Dramaturgia)

ISBN 978-65-5691-034-5

1. Teatro brasileiro. I. Título. II. Série.

21-71824   CDD: 869.2
CDU: 82-2(81)

Meri Gleice Rodrigues de Souza- Bibliotecária- CRB-7/6439

Nesta edição, foi respeitado o Acordo Ortográfico da Língua Portuguesa de 1990, que entrou em vigor no Brasil em 2009.

Todos os direitos em língua portuguesa reservados à
Editora de Livros Cobogó Ltda.
Rua Gen. Dionísio, 53, Humaitá,
Rio de Janeiro, RJ, Brasil — 22271-050
www.cobogo.com.br

Outros títulos desta coleção:

COLEÇÃO DRAMATURGIA

ALGUÉM ACABA DE MORRER LÁ FORA, de Jô Bilac

NINGUÉM FALOU QUE SERIA FÁCIL, de Felipe Rocha

TRABALHOS DE AMORES QUASE PERDIDOS, de Pedro Brício

NEM UM DIA SE PASSA SEM NOTÍCIAS SUAS, de Daniela Pereira de Carvalho

OS ESTONIANOS, de Julia Spadaccini

PONTO DE FUGA, de Rodrigo Nogueira

POR ELISE, de Grace Passô

MARCHA PARA ZENTURO, de Grace Passô

AMORES SURDOS, de Grace Passô

CONGRESSO INTERNACIONAL DO MEDO, de Grace Passô

IN ON IT | A PRIMEIRA VISTA, de Daniel MacIvor

INCÊNDIOS, de Wajdi Mouawad

CINE MONSTRO, de Daniel MacIvor

CONSELHO DE CLASSE, de Jô Bilac

CARA DE CAVALO, de Pedro Kosovski

GARRAS CURVAS E UM CANTO SEDUTOR, de Daniele Avila Small

OS MAMUTES, de Jô Bilac

INFÂNCIA, TIROS E PLUMAS, de Jô Bilac

NEM MESMO TODO O OCEANO, adaptação de Inez Viana do romance de Alcione Araújo

NÔMADES, de Marcio Abreu e Patrick Pessoa

CARANGUEJO OVERDRIVE, de Pedro Kosovski

BR-TRANS, de Silvero Pereira

KRUM, de Hanoch Levin

MARÉ/PROJETO bRASIL, de Marcio Abreu

AS PALAVRAS E AS COISAS, de Pedro Brício

MATA TEU PAI, de Grace Passô

ÃRRÃ, de Vinicius Calderoni

JANIS, de Diogo Liberano

NÃO NEM NADA, de Vinicius Calderoni

CHORUME, de Vinicius Calderoni

GUANABARA CANIBAL, de Pedro Kosovski

TOM NA FAZENDA, de Michel Marc Bouchard

OS ARQUEÓLOGOS, de Vinicius Calderoni

ESCUTA!, de Francisco Ohana

ROSE, de Cecilia Ripoll

O ENIGMA DO BOM DIA, de Olga Almeida

A ÚLTIMA PEÇA, de Inez Viana

BURAQUINHOS OU O VENTO É INIMIGO DO PICUMÃ, de Jhonny Salaberg

PASSARINHO, de Ana Kutner

INSETOS, de Jô Bilac

A TROPA, de Gustavo Pinheiro

A GARAGEM, de Felipe Haiut

SILÊNCIO.DOC, de Marcelo Varzea

PRETO, de Grace Passô, Marcio Abreu e Nadja Naira

MARTA, ROSA E JOÃO, de Malu Galli

MATO CHEIO, de Carcaça de Poéticas Negras

YELLOW BASTARD, de Diogo Liberano

SINFONIA SONHO, de Diogo Liberano

SÓ PERCEBO QUE ESTOU CORRENDO QUANDO VEJO QUE ESTOU CAINDO, de Lane Lopes

SAIA, de Marcéli Torquato

DESCULPE O TRANSTORNO, de Jonatan Magella

TUKANKÁTON + O TERCEIRO SINAL, de Otávio Frias Filho

SUELEN NARA IAN, de Luisa Arraes

SÍSIFO, de Gregorio Duvivier e Vinicius Calderoni

HOJE NÃO SAIO DAQUI, de Cia Marginal e Jô Bilac

PARTO PAVILHÃO, de Jhonny Salaberg

COLEÇÃO DRAMATURGIA FRANCESA

É A VIDA, de Mohamed El Khatib | Tradução Gabriel F.

FIZ BEM?, de Pauline Sales | Tradução Pedro Kosovski

ONDE E QUANDO NÓS MORREMOS, de Riad Gahmi | Tradução Grupo Carmin

PULVERIZADOS, de Alexandra Badea | Tradução Marcio Abreu

EU CARREGUEI MEU PAI SOBRE MEUS OMBROS, de Fabrice Melquiot | Tradução Alexandre Dal Farra

HOMENS QUE CAEM, de Marion Aubert | Tradução Renato Forin Jr.

PUNHOS, de Pauline Peyrade | Tradução Grace Passô

QUEIMADURAS, de Hubert Colas | Tradução Jezebel De Carli

COLEÇÃO DRAMATURGIA ESPANHOLA

A PAZ PERPÉTUA, de Juan Mayorga | Tradução Aderbal Freire-Filho

ATRA BÍLIS, de Laila Ripoll | Tradução Hugo Rodas

CACHORRO MORTO NA LAVANDERIA: OS FORTES, de Angélica Liddell | Tradução Beatriz Sayad

CLIFF (PRECIPÍCIO), de José Alberto Conejero | Tradução Fernando Yamamoto

DENTRO DA TERRA, de Paco Bezerra | Tradução Roberto Alvim

MÜNCHAUSEN, de Lucía Vilanova | Tradução Pedro Brício

NN12, de Gracia Morales | Tradução Gilberto Gawronski

O PRINCÍPIO DE ARQUIMEDES, de Josep Maria Miró i Coromina Tradução Luís Artur Nunes

OS CORPOS PERDIDOS, de José Manuel Mora | Tradução Cibele Forjaz

APRÈS MOI, LE DÉLUGE (DEPOIS DE MIM, O DILÚVIO), de Lluïsa Cunillé | Tradução Marcio Meirelles